A Messieurs les Membres

DE LA

CHAMBRE DES PAIRS ET DE LA CHAMBRE DES DÉPUTÉS.

MESSIEURS,

Les soussignés renouvellent par ces présentes une réclamation que la chambre des députés a déjà plusieurs fois accueillie avec bienveillance, et qui, cependant, est restée infructueuse jusqu'à ce jour. En voici l'exposé sommaire :

L'article 9 du traité d'abdication, passé le 11 avril 1814 entre l'empereur Napoléon et les puissances alliées, est ainsi conçu :

« Les propriétés que Sa Majesté l'empereur Napoléon possède en France,
« soit comme domaine extraordinaire, soit comme domaine privé, resteront
« à la couronne.

« Sur les fonds placés par l'empereur Napoléon, soit sur le grand-livre,
« soit sur la banque de France, soit sur les actions des forêts, soit de toute
« autre manière; et dont Sa Majesté fait abandon à la couronne, il sera réservé
« un capital qui n'excédera pas *deux millions*, pour être employé en gratifi-
« cations au profit des personnes qui seront portées sur l'état que signera
« l'empereur Napoléon, et qui sera remis au gouvernement français. »

Ce traité, dit de Fontainebleau, fut ratifié par le gouvernement provisoire le même jour 11 avril 1814, et confirmé par le roi Louis XVIII le 31 mai suivant, formalités qui lui ont donné *force de loi*.

L'empereur dressa, le 13 avril 1814, l'état des personnes auxquelles il voulait distribuer les deux millions réservés.

L'article 9 du traité de Fontainebleau fut exécuté en ce qu'il avait d'avantageux pour le trésor public.

En 1814, 9,360,000 francs trouvés en or à Orléans, et faisant partie du domaine privé de l'empereur, furent versés au trésor les 21 et 22 avril; d'autre part, 500,000 francs de rentes sur l'État, achetées avec les fonds du domaine extraordinaire, et destinées au traitement des grands officiers de la maison impériale, furent affectées à la maison royale par ordonnance du 27 septembre.

En 1818, tout le domaine extraordinaire fut réuni au domaine de l'État par l'article 95 de la loi de finances du 15 mai; d'autre part, 6,866,000 francs, formant le reliquat actif de la liquidation de la liste civile de l'empire, furent versés au trésor; M. de Labouillerie l'a déclaré à la chambre des députés dans la séance du 17 juillet 1822 (*Moniteur* du 18).

Ce même article 9 n'a pas été exécuté en ce qu'il avait d'onéreux pour le trésor public; les ayants droit aux deux millions réservés par l'empereur ont vainement réitéré leurs réclamations depuis 1814.

Sous le régime de la restauration, M. de Villèle (lettre du 2 août 1822) et M. de Peyronnet, ont répondu que l'auteur de la donation s'étant mis en possession des moyens de l'exécuter et n'en ayant pas usé, devait être considéré comme l'ayant révoquée.

Le conseil d'État, par une décision du 22 janvier 1823, se déclara incompétent par le motif qu'il s'agirait de l'interprétation d'un traité diplomatique.

La doctrine des ministres de la restauration a été combattue par deux consultations signées, l'une par M. Dupin, le 20 mars 1821, et l'autre par MM. Billecoq, Courtin et Thévenin, le 24 avril suivant.

La chambre des députés a manifesté, dans quatre circonstances, son adhésion à la réclamation des soussignés.

Dans la séance du 18 juillet 1822 (*Moniteur* du 19) M. Méchin et M. le général Foy adressèrent à M. Dudon de sévères interpellations sur le payement des deux millions réservés aux serviteurs de l'empereur par le traité de Fontainebleau.

Dans la séance du 14 mars 1829 (*Moniteur* du 16), M. Jars, rapporteur d'une pétition, démontra que les Cent-Jours n'avaient pu altérer l'engagement de Fontainebleau, et, sur sa proposition, la chambre adopta le renvoi au conseil des ministres.

Dans la séance du 9 octobre 1830 (*Moniteur* du 11), M. Clément (du Doubs), rapporteur d'une pétition, fit entendre à la tribune des paroles éloquentes pour l'exécution du traité : M. Méchin appuya l'avis de la commission, et la chambre vota le renvoi au conseil des ministres.

Dans la séance du 17 juin 1837 (*Moniteur* du 18), M. Duprat, rapporteur d'une pétition, émit, au nom de la commission, un avis favorable à l'exécution du traité ; si la chambre passa néanmoins à l'ordre du jour, ce fut en considération du renvoi précédemment fait au conseil des ministres.

Il est impossible d'imaginer une créance mieux établie que celle des soussignés, contractée en présence des puissances étrangères, reconnue par le roi de France, approuvée par la chambre des députés ; elle existe à la fois par le droit des gens, par le droit civil et par le droit politique.

Cette créance est la pensée généreuse d'une grande infortune, c'est le pieux sentiment de la reconnaissance du héros malheureux envers ses serviteurs ; si la France a dépensé des sommes considérables pour honorer les cendres de son empereur, que ne ferait-elle pas pour honorer sa signature !

Cette créance a été garantie par les puissances alliées dans l'article 20 du traité de Fontainebleau ; les vainqueurs eux-mêmes voulaient assurer à l'illustre empereur et à ses serviteurs une retraite digne d'eux ; la France se trouve ainsi engagée, non-seulement vis-à-vis d'un nom qui lui est cher, mais encore vis-à-vis des puissances étrangères.

Cette créance est une récompense que de braves officiers avaient méritée, non-seulement par leur courage dans cent combats, mais surtout par leur fidélité à leur prince et à leur drapeau ; c'est le legs du grand capitaine à son armée ; la France a retrouvé ses serviteurs en reprenant ses couleurs nationales ; elle ne sera pas parcimonieuse envers ceux qui lui ont tout donné.

Enfin, cette créance est une indemnité qui était due à des serviteurs qu'un événement politique privait brusquement de leurs emplois, et mettait en état de suspicion ; aujourd'hui elle est réclamée, soit par ces serviteurs eux-mêmes à l'âge des infirmités, soit par leurs enfants qui se sont mariés avec cette dot, soit par leurs créanciers qui ont prêté sur ce gage.

Objectera-t-on, avec les ministres de la restauration, que le donateur, ayant pu exécuter sa libéralité et ne l'ayant pas fait, doit être considéré comme l'ayant révoquée ?

Il est évident que, pendant le court règne des Cent-Jours, le trésor impérial suffisant à peine aux dépenses de la guerre, l'empereur ne devait pas songer à payer ses donataires, ni ceux-ci à réclamer ; le silence réciproque ne peut donc être interprété, dans cette circonstance, comme une révocation ou un abandon.

Après avoir reconquis le trône, l'empereur ne devait pas penser à retirer des bienfaits consentis dans le malheur, mais plutôt à les étendre ; d'ailleurs, les donations sont essentiellement irrévocables (art, 894, C. civil); cette règle est encore plus sacrée quand il s'agit de donations rémunératoires.

Dira-t-on que le retour de l'île d'Elbe a rompu le traité de Fontainebleau, et que ni l'empereur ni ses serviteurs ne peuvent en réclamer l'exécution?

Le retour de l'île d'Elbe est un fait étranger aux donataires et qui n'a pu porter atteinte à des droits acquis. D'ailleurs, si, à défaut d'exécution d'un contrat, il y a lieu à résiliation, la partie qui veut s'en prévaloir doit restituer ce qu'elle a reçu ; or, le trésor public non-seulement a gardé ce qu'il avait reçu en 1814, mais encore a encaissé en 1818 le reliquat actif de la liquidation du domaine privé de l'empereur.

L'article 9 du traité de Fontainebleau ne stipule pas une créance, mais fait une réserve sur des biens abandonnés, il en résulte que les serviteurs de l'empereur ont un droit de suite sur ces biens; en quelques mains qu'ils se trouvent : le trésor public est dans cette circonstance plutôt un tiers détenteur qu'un débiteur.

Opposera-t-on que la loi du 12 janvier 1816 a dépouillé la famille impériale des avantages qui lui étaient réservés par l'article 6 du traité de Fontainebleau ?

Cette loi elle-même prouve que le gouvernement de la restauration ne considérait pas ce traité comme rompu de plein droit par le retour de l'île d'Elbe; la révocation expresse n'a porté que sur l'article 6, et, par conséquent, a laissé intact l'article 9.

Madame Lætitia, mère de l'empereur, ayant réclamé une rente sur l'Etat qui faisait partie du domaine privé de son fils, le conseil d'Etat repoussa cette demande par une décision du 8 août 1839, motivée sur ce que l'article 9 du traité de Fontainebleau avait réuni le domaine de l'empereur à celui de la couronne, *et que ce traité n'avait jamais été ni réformé ni révoqué.* Si l'article 9 est applicable dans son premier paragraphe, il l'est également dans le second.

Se prévaudra-t-on des déchéances prononcées par les lois du 15 mars 1818, article 2, et du 4 mai 1834, article 11?

La prescription ne peut frapper qu'un créancier négligent ; or, les soussignés, depuis l'ouverture de leur droit, n'ont pas cessé de réclamer et d'être en instance pour le faire reconnaître ; s'il y a négligence, elle ne peut être de leur côté ; en 1834, le conseil des ministres était saisi de la demande réitérée en 1830 ; or, l'article 11 précité enjoignait aux ministres de prononcer avant le 1ᵉʳ juillet 1834, sur les demandes introduites.

M. le duc de Tarente, l'un des signataires du traité de Fontainebleau, a annoncé aux soussignés, dans une lettre du 6 juin 1834, que M. Humann venait de lui déclarer que la déchéance ne pouvait les frapper, puisqu'ils n'avaient pas cessé de réclamer.

Par ces motifs, les soussignés vous prient, Messieurs, d'accueillir leur réclamation et d'allouer au ministère des finances la somme nécessaire pour la satisfaire.

Signés Comte FRIANT.

Baron PETIT.

Baron CORVISART.

Baron YVAN.

Baron MENNEVAL.

Dʳ FOUREAU.

A. JOUANNE.

DOCUMENTS.

———

1° *Traité de Fontainebleau.*

Article 9 du traité signé le 11 avril 1814, à Paris, entre l'Autriche, la Russie et la Prusse, d'une part, et *Napoléon Bonaparte*, de l'autre.

« Les propriétés que S. M. l'empereur Napoléon possède en France, soit « comme domaine extraordinaire, soit comme domaine privé, resteront à la « couronne.

« Sur les fonds placés par l'empereur Napoléon, soit sur le grand-livre, « soit sur la Banque de France, soit sur les actions des forêts, soit de toute « autre manière, et dont S. M. fait l'abandon à la couronne, il sera réservé un « capital qui n'excédera pas deux millions, pour être employés en gratifica- « tions en faveur des personnes qui seront portées sur l'état que signera « l'empereur Napoléon, et qui sera remis au gouvernement français. »

2° *Déclaration du gouvernement provisoire.*

« Les puissances alliées ayant conclu un traité avec S. M. l'empereur « Napoléon, et ce traité renfermant des dispositions à l'exécution desquelles « le gouvernement français est dans le cas de prendre part, et des explica- « tions réciproques ayant eu lieu sur ce point, le gouvernement provisoire « de France, dans la vue de concourir efficacement à toutes les mesures qui « sont adoptées, se fait un devoir de déclarer qu'il y adhère autant que « besoin est, et garantit, en tout ce qui concerne la France, l'exécution des « stipulations renfermées dans ce traité, qui a été signé aujourd'hui, entre « MM. les plénipotentiaires des hautes puissances alliées et S. M. l'empe- « reur Napoléon. »

3° *Ratification par le roi Louis XVIII.*

« Le soussigné, ministre et secrétaire d'État au département des affaires
« étrangères, ayant rendu compte au roi de la demande que LL. EE. MM. les
« plénipotentiaires des cours alliées ont reçu de leur souverain l'ordre de
« faire relativement au traité du 11 avril, auquel le gouvernement provisoire
« a accédé, il a plu à S. M. de l'autoriser à déclarer en son nom, que les
« clauses du traité à la charge de la France seront fidèlement exécutées ; il a,
« en conséquence, l'honneur de le déclarer par ces présentes à LL. EE.

« A Paris, le 31 mai 1814.

« Signé Le prince DE BÉNÉVENT. »

ÉTAT DE LA RÉPARTITION.

Au général Friant, général de la garde	50,000
— Cambrone, id	50,000
— Petit, id	50,000
— Ornano, id	50,000
— Curial, id	50,000
— Michel, id	50,000
— Lefebvre Desnouettes, id	50,000
— Guyot, id	50,000
— Lyon, id	50,000
— Laférière-l'Evêque id	50,000
— Colbert, id	50,000
— Marin, id	50,000
— Boulard, id	50,000
— Drouot, aide-de-camp de l'empereur	50,000
— Corbineau id	50,000
— Dejean id	50,000
— Caffarelli, id	50,000
Au colonel Montesquiou, id	50,000
— Bernard, id	50,000
— de Bussy, id	50,000
Au général comte Fouler, écuyer de l'empereur	50,000
Au baron Fain, maître des requêtes, secrétaire du cabinet	50,000
Au baron Menneval, maître des requêtes, secrétaire des commandements de l'impératrice	50,000
Au baron Corvisart, premier médecin	50,000
Au baron Gourgaud, premier officier d'ordonnance	50,000
Au chevalier Jouanno, premier commis du cabinet	40,000
Au baron Yvan, chirurgien ordinaire	40,000
A 30 officiers dont les noms sont portés dans l'état A	170,000
Au service de la chambre et de la conciergerie (état B)	100,000
Au service des écuries (état C)	130,000
Au service des fourriers et de la bouche (état D)	140,000
Au service de l'impératrice et du roi de Rome (État E). Cet état sera envoyé par l'impératrice	70,000
Au service de santé de l'empereur (état F)	60,000
Total	**2,000,000**

Approuvé le présent État, montant à deux millions, pour être remis au gouvernement français.

A Fontainebleau, ce 13 avril 1814.

Signé NAPOLÉON.

DÉTAIL DES ÉTATS MENTIONNÉS CI-CONTRE.

ÉTAT A.—*Officiers qui ont suivi Napoléon à l'île d'Elbe.*

Jermanousky, major des Polonais	Fr. 9,000
Mallet, chef de bataillon de la garde	9,000
Corimel, capitaine d'artillerie de la garde	6,000
Lamourette, capitaine	6,000
Loubers	6,000
Cointe	6,000
Raoul, capitaine d'artillerie de la garde	6,000
Laborde, capitaine d'infanterie	6,000
Hurault de Sorbée, id	6,000
Montpez, id	6,000
Combe, id	6,000
Schultz, capitaine au 7e régiment de Polonais	6,000
Dequeux, premier lieutenant d'infanterie	4,000
Melifrent, premier lieutenant d'artillerie	4,000
Arnault, id	4,000
Thiebault id	4,000
Duquenot, id	4,000
Paris. id	4,000
Bacheville, id	4,000
Chomet, id	4,000
Lauauze, id	4,000
Paoli	4,000
Lervat, lieutenant au 2e d'infanterie de la garde	4,000
Bogot, id	4,000
Jammer, id	4,000
Franconin, id	4,000
Noizot, id	4,000
Matelet, id	4,000
Demont, lieutenant d'artillerie de la garde	4,000
Skonronsky, lieutenant polonais	4,000
Emery, chirurgien de première classe	4,000
Bilenski, capitaine polonais de la garde	4,000
Tintowski, premier lieutenant id	4,000
Piontkowsky, deuxième lieutenant id	4,000
Séraphin, deuxième lieutenant de Mamelouks	4,000
	170,0.0

ÉTAT B.— *Service de la chambre et de la conciergerie.*

Au Sr Louis-Constant Wairy, prem. valet de cham.	20,000
— Jean-Pierre Charvet, conserv. de la garde-robe	10,000
— Nicolas-Manches, dit Sénéchal, valet de chamb.	5,000
— Frédéric-Arvenne Pelard, valet de chambre	15,000
— Auguste-Charles Hubert, valet de chambre	15,000
— François-St-Denis, dit Aly, valet de chambre	5,000
— Dejean, garde du porte-feuille	5,000
— Mignot, huissier	5,000
— Étienne Charvet, concierge de St-Cloud	10,000
— Maugé, concierge des Tuileries	10,000
Total pour la chambre	100,000

ÉTAT C.—*Service de l'écurie.*

Au Sr Jardin père	Fr. 10,000
— Vigogne	10,000
— Danet	10,000
— Jardin fils aîné	10,000
— Gy, premier piqueur	10,000
— Auguste Jardin	10,000
— Chauvin	20,000
— Courtay	10,000
— Leroux	10,000
— Amandru	20,000
— César, cocher	10,000
	130,000

ÉTAT D.— *Service des fourriers et de la bouche.*

Au Sr Colin, maître d'hôtel contrôl	40,000
— Baillon, fourrier du palais	15,000
— Deschamps, id	15,000
— Rousseau (Langin-Marie-Ferd.), chef de cuis.	20,000
— Totain (Ch.-Amab.-Jean-Marie), chef d'office	20,000
— Chandelier (L.-J.), rôtisseur	10,000
— Pierron (Alex.-Jean-Baptiste), aide d'office	10,000
— Chardat	10,000
	140,000

ÉTAT E.—*Service de l'impératrice et de son fils.*

Mme Hurault, première femme	10,000
Mlle Rabusson, id	10,000
Mme Soufflet, première femme du roi de Rome	3,000
Mme Edouard, deuxième femme de l'impératrice	4,000
Mme Barbier, id	4,000
Mlle Geoffroy	4,000
Mme Marchand, berceuse	4,000
Mme Petit-Jean, deuxième femme du roi de Rome	3,000
Mme Renaud	5,000
Linier, valet de chambre de l'empereur	3,000
Lange id	3,000
Gobereau	3,000
Locquin, maître d'hôtel	4,000
Chameau, cuisinier	2,000
Lemoine, id	2,000
Boucher, aide d'office	2,000
Lacournère, chirurgien	3,000
Rouyer, pharmacien	3,000
	70,000

ÉTAT F.— *Service de santé.*

Au sieur Fourreau, médecin	30,000
Au chirurgien	20,000
Au sieur Gatte, pharmacien	10,000
	60,000

5° *Consultation de* **M. Dupin.**

Le conseil pense que la réclamation des consultants n'aurait jamais dû faire la matière d'une difficulté.

La convention est claire,

L'obligation est positive,

Le droit qui en résulte au profit des donataires est évident.

L'article 9 a été exécuté dans tout ce qu'il avait d'avantageux pour le nouveau gouvernement de la France : toutes les propriétés que l'empereur possédait en France, soit comme domaine privé, soit comme domaine extraordinaire, sont restées à la couronne.

Ces propriétés étaient d'une valeur immensément supérieure à la modique somme de deux millions, dont l'ancien propriétaire s'était réservé de disposer. [1]

Il n'y avait donc nulle raison de se refuser à l'exécution de l'article 9, en ce qui concerne l'emploi de cette réserve.

On a objecté au fondé de pouvoir des donataires que le traité du 11 avril 1814 devait être regardé comme non avenu, parce qu'il n'avait pas été rappelé dans le traité général du 30 mai suivant.

Cette objection est évidemment mal fondée.

1° Un traité subséquent ne déroge à un traité antérieur qu'autant que la volonté d'y déroger s'y trouve formellement exprimée, ou que des dispositions nouvelles sont incompatibles avec les anciennes.

Or, qu'on lise tant qu'on voudra le traité du 30 mai 1814, on n'y trouvera ni dérogation expresse, ni dérogation tacite, soit à l'article 9, soit à l'article 1er, soit à tout autre article du traité du 11 avril.

2° Ajoutons que le traité du 30 mai, n'étant pas conclu entre les mêmes parties que celui du 11 avril, n'aurait pas pu, en l'absence de l'une d'elles, porter atteinte aux conventions qui intéresseraient cette partie. *Inter alios factam transactionem, absenti non posse facere præjudicium, notissimi juris est.* L. 2, au Code. *Inter alios acta aliis non nocere,* verbi gratiâ, *transactione Titii non minuentur alimenta Silio.* L. 855, Cod. *eod. tit.*

Ces principes du droit civil sont également applicables au droit des gens, ils gouvernent l'interprétation des traités entre souverains, comme les conventions entre simples particuliers.

Ouvrons, au surplus, Watel, dans son *Traité du droit des gens*, nous y lirons que «l'état où les choses se trouvent au moment du traité *doit pas-* « *ser pour légitime;* et si l'on veut y apporter des changements, dit-il, il faut « que le traité en fasse une *mention expresse.* » (Livre 4, chap. 3, § 21.)

Or, on a déjà dit que le traité du 3o mai ne renferme rien de semblable.

L'objection pèche d'ailleurs par sa base : ceux qui l'ont faite n'ont fait attention qu'à la date principale du 11 avril, qui est celle du premier traité, et ils en ont conclu que le traité du 3o mai, étant postérieur, avait pu, par cela même, déroger à celui du 11 avril. Mais ils auraient dû remarquer que ce traité du 11 avril n'a été ratifié par le gouvernement du roi que le 3o mai ; que c'est de ce jour-là seulement qu'il a pris date pour ce gouvernement. Or, il faudrait donc, contre toute raison et contre toute bonne foi, supposer *qu'au même jour et au même instant* les puissances alliées, qui, avaient exigé l'accession du roi de France au traité du 11 avril, avaient cependant l'intention de s'en départir, et que le gouvernement français, qui, le 3o mai, déclarait aux plénipotentiaires alliés que les clauses du traité du 11 avril, à la charge de la France, seraient *fidèlement exécutées*, signait *au même in- stant* un autre traité qui l'aurait dispensé de tenir sa promesse. Cette objec- tion, nous le répétons, est contraire à tout droit et à toute raison.

« On ne présume pas, dit Watel, que des personnes sensées aient prétendu « ne rien faire en traitant ensemble : l'interprétation qui rendrait un arti- « cle nul et sans effet, ne peut donc être admise..... C'est une espèce d'ab- « surdité, que les termes mêmes d'un acte se réduisent à ne rien dire ; il « faut l'interpréter de manière qu'il puisse avoir son effet, et qu'il ne se « trouve pas vain et illusoire. » (Liv. 11, chap. 18, de l'*Interprétation des Traités*, § 283.)

Le même auteur, au § 3o4, dit encore :

« Ce qui tend à rendre un acte nul et sans effet, soit dans sa totalité, soit « en partie, et par conséquent *tout ce qui apporte quelque changement aux* « *choses arrêtées, est odieux;* car les hommes traitent ensemble pour leur « utilité commune ; et si j'ai quelque avantage *acquis* par un traité légitime, « je ne puis le perdre qu'en y renonçant. »

Or, nulle renonciation de cette espèce n'existe : loin de là, les tiers qui avaient *des droits acquis par le traité* du 11 avril n'ont pas cessé de les in- voquer et de les faire valoir.

Il serait donc, pour reprendre ici l'expresssion de Watel, il serait *odieux* de les leur enlever.

Vainement on oppose *le siècle des Cent-Jours!* C'est un fait étranger aux donataires, un fait qui n'a pu leur faire perdre un droit précédemment acquis. Par le traité du 11 avril, ils sont devenus créanciers directs, non pas de Napoléon, mais du gouvernement français ; et le sort de cette créance, fixé par le traité au jour même de sa signature, n'a pas pu dépendre des événements ultérieurs, ni du fait d'autrui.

Si le traité eût été ponctuellement exécuté, les donataires auraient dû être payés en 1814, avant les Cent-Jours. S'ils ne l'ont pas été à cette époque, leur droit n'a pas, pour cela, changé de nature : ils sont restés créanciers de l'Etat au même titre après que devant.

Délibéré à Paris, le 20 mars 1821.

Signé DUPIN.

6° *Adhésion de plusieurs jurisconsultes.*

L'ancien avocat soussigné, qui a pris communication de la consultation ci-dessus donnée,

Déclare y adhérer pleinement, et par les motifs qui y ont été développés.

Le traité du 11 avril est démontré s'être identifié avec celui du 30 mai.

Les conventions qu'il renferme n'ont jamais été abrogées par aucunes conventions postérieures, seul moyen qui aurait pu en neutraliser les effets : *Eâdem voluntate quâ contractuntur, dissolvuntur.*

Ces conventions du traité du 11 avril, le gouvernement français se les est rendues propres par son accession volontaire ; elles l'ont lié dès lors à l'exécution. *Quæ sunt ab initio voluntatis, fiunt ex postfacto necessitatis.*

Ni l'interrègne lui-même, ni ses désastreuses conséquences, n'ont eu la puissance de faire perdre à des tiers le *droit* qui leur fut *acquis* du jour où les états sur lesquels figuraient leurs noms, comme ceux de destinataires des deux millions répartis, ont été remis au gouvernement français et sont devenus leurs titres propres et personnels. Opposer à ces tiers la survenance des funestes cent jours, pour les éconduire, eux, dont la révolution qui les produisit ne fut point l'ouvrage, ce serait chercher un moyen de libération dans le profit d'une grande calamité nationale ; un tel calcul ne saurait être fait au nom du plus loyal des gouvernements, le gouvernement royal de France. D'incontestables principes de droit public et privé ne seraient pas là pour protéger les destinataires, que les moyens d'honneur public suffiraient pour que leurs réclamations obtinssent enfin tout le succès qui leur appartient.

Délibéré à Paris, ce 24 avril 1821.

Signé BILLECOQ, COURTIN, THÉVENIN.

7° *Discussion de la loi des finances de 1822, séance des 16 et 17 juillet.*

M. de Chauvelin dit :

« La liquidation de la liste civile impériale a été faite par le trésorier même « de la liste civile royale sous le titre de sous-secrétaire d'État. » (Séance du mardi 16 juillet, *Moniteur* du jeudi 18 juillet 1822 n° 19.)

Le lendemain, M. de Labouillerie fit la déclaration suivante :

« Je ne descendrai pas de cette tribune, sans répondre à un fait qui m'est « personnel. M. de Chauvelin a paru jeter des doutes sur la liquidation des « 6,866,000 francs de l'ancienne liste civile et sur la manière dont les comp- « tes de cette caisse ont été rendus ; je puis le tranquilliser à cet égard : *le* « *solde de l'ancienne liste civile a été versé au trésor royal.* » (Séance du mer- credi 17 juillet, *Moniteur* du jeudi 18 juillet 1822, n° 19.)

M. Méchin obtient la parole :

« Les fonds que vous allez mettre à la disposition du gouvernement sont destinés à acquitter la dette arriérée ; mais j'ai quelques observations à faire sur l'ancienne liste civile : des fonds considérables ont disparu. Je n'accuse pas, mais j'expose des faits, et je demande des explications.

« Au 1er avril 1814, il restait dans la caisse de l'ancienne liste civile une somme de 130,239,298 francs, qui, par des rentrées successives, se trouva portée au 1er mars 1818, à 149,325,676 francs.

« Cette somme prodigieuse, héritage du chef de l'ancien gouvernement, a disparu. On en rend compte ainsi qu'il suit : Valeurs sur l'étranger remises à l'étranger, 16,062,812 francs ; prêt fait à la ville de Paris, deux millions ; débet du trésor royal, 95,444,028 francs ; valeurs prélevées et portées au compte de la liste civile royale, 630,375 francs.

« On eût pu demander dans le temps si l'on devait aux étrangers d'autres contributions que celles stipulées dans les traités, et pourquoi on leur

avait fait remise et des valeurs retirées d'eux en d'autres temps, et affectées à la liste civile, et de leurs engagements bien plus considérables
envers le domaine extraordinaire. Les étrangers étaient les maîtres ici, et
ceux qui commandent, n'importe à quel titre, trouvent toujours des
hommes qui vont au-devant de toutes leurs prétentions et de leurs exi-
gences. Il n'est pas dans mon sujet de revenir avec détail sur ce déplorable
passé.

« Mais enfin, en prenant les choses telles qu'on nous les a données, il se
trouvait au profit de l'ancienne liste civile un reste d'actif qui, se composant
des deux millions prêtés à la ville de Paris, de 3,488,182 francs d'excédant,
et s'augmentant de 893,000 francs de traites pour coupes de bois, forme un
total de 6,571,182 francs ; nous sommes intéressés à savoir ce qu'est devenu
cet actif.

« Or, je demande si les avances et les créances dont il se composait ont été
recouvrées, et si la ville de Paris a remboursé les deux millions qu'elle doit.
Mais voici quelque chose de plus important : un acte diplomatique du
11 avril 1814 autorisait Napoléon à disposer de deux millions ; cet acte,
sanctionné par le roi, fut garanti par l'Autriche, la Prusse et la Russie ; et
cependant il paraît n'avoir pas reçu son exécution ; 1,500,000 francs étaient
dévolus à des officiers généraux ou supérieurs dont le nom est glorieusement
cités dans nos annales : je désire savoir si ces deux millions font partie des
6 millions payés aux créanciers de la liste civile, ou si nous serons exposés
à voir les porteurs de ces titres, dont on ne peut pas contester la légitimité,
venir réclamer leurs droits. »

M. de Labouillerie. « J'ai eu l'honneur de dire à la chambre que l'ancienne
liste civile a été liquidée, et que son actif a été versé au trésor. Parmi les
dettes de cette liste, *je crois qu'il y avait celle dont on vient de parler.*
Quant aux bons, ils n'ont jamais été payés ; la chose en est là, et, je le répète,
la totalité de l'actif a été versée au trésor royal. »

M. Dudon répondant à M. Méchin dit :

« L'actif de l'ancienne liste civile a été *déposé* au trésor, et vous avez une
« partie de cette valeur portée comme ressource au chapitre des recettes di-
« verses. Des actions de salines, des actions de la banque, provenant de
« cette liste civile, ont été versées au trésor : une partie a été vendue,
« l'autre a été conservée. Voilà le sort qu'a eu la liste civile impériale. Le tré-
« sor étant devenu propriétaire des créances actives devait naturellement être

«débiteur des créances passives ; et dès lors on a eu raison de procéder à
« une liquidation.

« Quant aux deux millions, ils ont été distribués par Bonaparte lorsqu'il
« était à Fontainebleau, et qu'il n'avait plus aucun pouvoir à exercer. » (Murmures à gauche.)

M. Méchin demande la parole, et répond à M. Dudon.

« Il est impossible, Messieurs, que vous vous décidiez à fermer la discussion sur une telle question, sans permettre au moins la réplique à celui qui
vous a soumis les observations qui vous occupent.

« Je vais toucher une matière délicate, j'aurais voulu l'éviter ; mais M. Dudon m'a placé sur un terrain d'où je dois sortir honorablement. Je ne l'imiterai pas dans ses injures contre la puissance abattue, j'imiterai plutôt les
augustes personnages qui ont su respecter le malheur d'un grand homme,
quel que soit le titre qu'on voudra joindre à celui que ne lui refuseront ni
les contemporains, ni la postérité ; je n'irai pas, comme M. Dudon, outrager
l'autel où, soit erreur, soit raison, soit conviction, j'ai sacrifié ainsi que lui
et tant d'autres....

« Les créanciers que je n'avais fait qu'indiquer, et dont je vais parler
maintenant, puisqu'on m'y force, ne sont ni sans titre, ni frappés de déchéance.

« Je l'ai dit : leur titre est un traité, un traité garanti par les empereurs
de Russie, d'Autriche et le roi de Prusse, et revêtu de l'accession de S. M.
T. C., qui, le 30 mai 1814, a promis, par son ministre, qu'il serait fidèlement exécuté.

« On objecte les événements postérieurs au 11 avril 1814, jour auquel ce
traité a été signé à Fontainebleau. Mais que font les événements aux droits
acquis par les tiers ? Qu'ont de commun les événements du 20 mars avec
des intérêts et des droits reconnus bien avant qu'ils pussent être pressentis,
des intérêts et des droits qui auraient dû avoir été immédiatement satis-
faits ? Diriez-vous aux tiers que leurs droits sont périmés, parce que vous
avez mis une lenteur répréhensible à payer ce qui leur était dû ?

« Ne m'opposez pas la jurisprudence diplomatique, qui veut que les dispositions d'un traité deviennent caduques, quand elles ne sont pas rappe-
lées dans le traité subséquent. Elles peuvent l'être à l'égard de la principale partie contractante, et non à l'égard des tiers, dont les droits sub-
sistent et demeurent à couvert sous l'égide de la loi commune du droit des
nations.

« La dette dont je parle a été reconnue, consacrée ; on se disposait à l'acquitter. Un silence opiniâtre a suivi toutes les demandes, toutes les réclamations. On a eu la pudeur de ne pas prononcer un refus ; on a reculé devant une injustice écrite ; l'injustice n'en est pas moins encore à réparer. Je demande qu'elle cesse ; je la signale pour qu'on y mette un terme ; que le payement soit fait du moins sur ce qui reste de l'actif de l'ancienne liste civile.

« Eh quoi ! vous répéterai-je, vous avez payé huit millions à des sujets algériens, sous un titre antérieur à tous les termes posés par vos lois de liquidation ; vous avez à leur égard exécuté un traité fait par la république, vous avez sans doute bien fait. Mais, par un contraste singulier, méconnaîtrez-vous un traité fait avec les premiers monarques de la chrétienté, reconnu par le roi très-chrétien, un traité qui confère des droits à plusieurs de vos plus illustres capitaines, et, après avoir accueilli avec intérêt quelques négociants africains, rejetterez-vous la demande d'une portion des plus graves guerriers de la France ? Non, Messieurs, si les ministres n'ont pas acquitté cette dette, ils l'acquitteront sans doute ; sans doute ils l'ont en vue dans ce moment, où ils nous demandent des fonds pour solder l'arriéré. » (Sensation à gauche.)

M. le ministre des finances demande si, Napoléon étant revenu et s'étant emparé du pouvoir, ce n'était pas à lui qu'il fallait demander d'acquitter la dette.

On demande la clôture.

Le général Foy. « Je demande la parole contre la clôture.

« Je n'ai qu'un mot à dire, mais je le dois à mes braves camarades..... »

(Les murmures de la droite couvrent la voix de l'orateur, les cris de la clôture se renouvellent. — M. Foy descend de la tribune.)

M. le président : « Il n'y a aucune proposition de faite : les observations ne pourraient se reproduire que sous la forme d'ARTICLES ADDITIONNELS AU BUDGET. » (*Moniteur* du vendredi 19 juillet 1822, n° 20.)

8° *Rapport de M. Jars, à la séance du* 14 *mars* 1829.

(*Moniteur* du lundi 16 mars 1829, n° 75.)

MESSIEURS,

Les donataires des deux millions réservés par l'article 9 du traité du 11 avril 1814, à Paris, réclament le payement des sommes qui leur sont dues en exécution de ce traité, et conformément aux états de répartition qui y sont annexés.

Cette pétition vous a été distribuée sous le titre d'*Éclaircissements présentés au gouvernement du roi et aux deux Chambres*; elle est accompagnée d'une consultation délibérée par plusieurs jurisconsultes du barreau de Paris, et dans cette consultation se trouvent textuellement rapportés les actes qui fondent la réclamation. Vous avez donc pu lire et apprécier, comme nous, ces différents documents : cependant votre commission croit qu'il est de son devoir de vous les rappeler.

L'article 9 du traité du 11 avril 1814 est ainsi conçu :

« Les propriétés que S. M. l'empereur Napoléon possède en France, soit « comme domaine extraordinaire, soit comme domaine privé, resteront à la « couronne.

« Sur les fonds placés par l'empereur Napoléon, soit sur le grand-livre, « soit sur la Banque de France, soit sur les actions des forêts, soit de toute « autre manière, et dont S. M. fait l'abandon à la couronne, il sera ré- « servé un capital qui n'excédera pas deux millions, pour être employés en « gratification en faveur des personnes qui seront portées sur l'état que « signera l'empereur Napoléon, et qui sera remis au gouvernement fran- « çais. »

En vertu du dernier paragraphe de cet article, plusieurs états de répartition ont été dressés; dans celui qui accompagne la pétition, on compte 18 généraux, 4 colonels et 30 officiers.

Mais le traité du 11 avril n'avait été signé que par l'Autriche, la Russie et la Prusse; il était nécessaire que le gouvernement français, obligé par plusieurs articles de ce traité, y donnât son adhésion, et cette adhésion fut donnée immédiatement par les membres du gouvernement provisoire. Je me dispense de vous donner lecture des termes de cet acte, que personne ne conteste.

Peu de temps après, S. M. Louis XVIII ayant pris les rênes du gouvernement, les puissances alliées jugèrent encore nécessaire, pour éviter toutes difficultés, de provoquer l'accession formelle de S. M. le roi de France au traité du 11 avril, et leurs plénipotentiaires eurent ordre de la demander.

Le prince de Bénévent, ministre secrétaire d'État au département des affaires étrangères, répondit à cette demande en déclarant, au nom du roi, que *les clauses du traité, à la charge de la France, seront fidèlement exécutées.*

Cette seconde et dernière ratification porte la date du 31 mai 1814.

Ainsi, disent les donataires, le traité du 11 avril est devenu aussi parfaitement obligatoire pour le gouvernement français, que si ce gouvernement avait été partie.

L'article 9 a été exécuté dans tout ce qu'il avait d'avantageux pour le gouvernement; toutes les propriétés que Napoléon possédait en France, soit comme domaine privé, soit comme domaine extraordinaire, sont restées à la couronne, ainsi que les fonds qu'il avait placés de différentes manières. Ces propriétés et ces fonds étaient d'une valeur bien supérieure à la somme de deux millions réservée; il n'y avait donc nulle raison de se refuser à l'exécution de l'article 9, en ce qui concerne l'emploi de cette réserve.

On a objecté que le traité du 11 avril 1814 devait être regardé comme non avenu, parce qu'il n'avait pas été rappelé dans le traité général du 30 mai suivant; mais il paraît que cette objection, vivement combattue par les conseils des donataires, a été abandonnée, et qu'on s'est réduit à celle qui motive l'ordonnance du 2 août 1822, savoir : *que l'auteur de la donation, s'étant mis par le fait en possession des moyens de l'exécuter, et n'en ayant pas usé, il avait détruit le droit d'en réclamer la réalisation.*

Les parties intéressées se sont pourvues contre cette décision par requête du 2 novembre 1822 : cette requête a été rejetée par une ordonnance du 12 janvier 1823. Sur une nouvelle requête du 1er juillet 1827, par laquelle les réclamants suppliaient S. M. de désigner soit un des comités du conseil d'Etat, soit une commission spéciale pour connaître de leur demande et donner son avis, M. le garde des sceaux Peyronnet a décidé qu'il n'y avait lieu à statuer, par les motifs énoncés dans la première ordonnance.

Les réclamants protestent contre ce déni de justice; ils disent, avec leur conseil, que l'événement du 20 mars est un fait qui n'a pu leur faire perdre un droit précédemment acquis. Par le traité du 11 avril, ils sont devenus créanciers directs, non pas de Napoléon, mais du gouvernement français, et le sort de cette créance, fixé par le traité au jour même de sa signature, n'a pu dépendre des événements ultérieurs, ni du fait d'autrui.

Si le traité eût été ponctuellement exécuté, les donataires auraient dû être payés en 1814, avant les Cent-Jours; s'ils ne l'ont pas été à cette époque, leur droit n'a pas pour cela changé de nature, ils sont restés créanciers de l'État, au même titre après que devant.

Il en a été ainsi pour les créanciers particuliers de la maison de Napoléon; leurs droits, établis par l'article 12 du traité, ont été reconnus, même après

3

les Cent-Jours, puisque c'est seulement en 1817 qu'ils ont été payés ; pourquoi cette différence ? Quelle est la convention qui a révoqué l'article 9 et maintenu l'article 12 ?

Les seules dispositions du traité du 11 avril qui soient réellement abrogées, ce sont celles qui concernent la famille de Napoléon ; et l'on doit remarquer qu'elles ont été abrogées par une loi spéciale, par la loi du 12 janvier 1816.

Enfin, il ne suffirait pas de dire, comme l'a dit le ministre des finances en 1822 : « Napoléon étant revenu et s'étant emparé du pouvoir, c'était à lui « qu'on devait demander le payement de la créance. » Il faudrait dire, il faudrait prouver que Napoléon, en s'emparant du pouvoir, a retrouvé et a repris les sommes qu'il avait délaissées par le traité du 11 avril ; mais, au contraire, il a été déclaré à cette tribune le même jour, 17 juillet 1822, que ces sommes étaient restées au ministère de la maison du roi, et que le reliquat de l'ancienne liste civile (toutes autres dettes payées), était à cette époque de 6,800,000 fr. et devait être versé au trésor public. Ainsi, les gages fournis par le traité du 11 avril n'ont pas été détournés par l'effet des événements qui ont suivi, et n'ont pas cessé d'être supérieurs aux charges qu'ils devaient acquitter.

Tel est, Messieurs, l'état de la réclamation ; le titre sur lequel elle repose n'est pas contesté ; mais, après avoir retardé, pendant près d'une année, l'accomplissement de ses dispositions onéreuses, on a prétendu en avoir été affranchi par des événements ultérieurs.

Il a paru à votre commission que les objections présentées contre la réclamation étaient résolues d'une manière satisfaisante par les réclamants et par leur conseil ; elle a considéré, en droit, que l'article 9 du traité du 11 avril n'a été révoqué par aucune disposition expresse et spéciale ; en fait, que la couronne a été mise en possession des biens abandonnés par le traité, et que, de cette possession, et du payement des dettes imposées par l'article 12, résulte implicitement la justice et la nécessité de l'entière exécution de l'article 9. Elle doit vous dire aussi qu'elle n'a pas vu, sans un vif intérêt, que les pétitionnaires sont, pour la plupart, des chefs illustres de cette ancienne armée dont la gloire sera toujours chère à la France.

Nous avons l'honneur de vous proposer le renvoi de la pétition au conseil des ministres. (Adopté.)

9° *Rapport de M. Clément, du Doubs, à la séance du 9 octobre 1830.*

(*Moniteur* du lundi 11 octobre 1830, n° 284.)

MESSIEURS,

Le sieur César, à Troyes, demande la répartition des 2 millions accordés par l'empereur Napoléon, en 1814, pour récompense d'anciens services, soit militaires, soit civils, et de services rendus à sa personne et à sa famille. L'article 9 du traité du 11 avril 1814, connu sous le nom de *Traité de Fontainebleau*, garantit formellement cette disposition : Napoléon y stipule qu'il sera fait réserve de ce capital, pour cette destination, sur les fonds placés par lui, soit sur le grand-livre, soit sur la Banque de France, soit sur les actions des forêts, soit de toute autre manière, dont il fait l'abandon au nouveau gouvernement français; valeurs immensément supérieures aux deux millions réservés.

Ce traité, signé par les plénipotentiaires français, est garanti par la signature des plénipotentiaires autrichiens, prussiens et russes : le gouvernement provisoire de l'époque se hâta d'y donner son entière adhésion; enfin, comme pour compléter toutes les sûretés, le roi Louis XVIII déclara que le traité serait fidèlement exécuté dans les clauses à la charge de la France.

Il ne l'a point été, Messieurs, pour les donataires de l'article 9.

D'après les états annexés à la pétition et signés par Napoléon et l'impératrice, le bienfait fut accordé à des généraux illustres, à de braves officiers, au personnel du cabinet de l'empereur, aux services de la chambre, de santé, de la bouche, des écuries, à des personnes des deux sexes attachées à la maison de l'impératrice et du roi de Rome. Parmi ces diverses parties prenantes, il en est beaucoup pour qui des besoins réels font de cette libéralité une ressource très-précieuse.

Un Mémoire produit par les donataires établit cette proposition incontestable « que les deux millions sont devenus pour eux *une propriété*, et que « peu de propriétés sont placées sous de telles sauvegardes. »

Une consultation de plusieurs jurisconsultes de la capitale et que, dans une question aussi claire, on pourrait presque appeler surabondante, a achevé de mettre cette demande hors de toute contestation raisonnable.

Les donataires n'ont pas laissé périmer leur droit; cette pétition n'est point leur première démarche.

Le 14 mars 1829, notre honorable collègue M. Jars fit à la Chambre un rapport lumineux sur cette affaire. Il y repoussa d'une manière décisive cette objection du dernier gouvernement, que le *donateur* s'étant remis de fait en possession du pouvoir à l'époque des Cent-Jours, et, partant, des moyens d'exécuter l'art. 9 du traité de Fontainebleau, et n'en ayant pas usé, avait détruit le droit des réclamants. Mais ces réclamants ont été constitués, par le traité, créanciers, non de Napoléon, mais du gouvernement français. Le fait du 20 mars, *le fait d'autrui*, n'a pu les dépouiller d'un droit acquis : on devait, on pouvait les payer dès 1814, et assurément cela était dans l'esprit du traité; on ne l'a pas fait, leur droit reste. Des créanciers de la maison impériale n'ont été payés qu'en 1817; leur droit a donc survécu aux Cent-Jours. Enfin Napoléon, à l'époque de son retour, avait-il retrouvé et repris les deux millions réservés? Non, Messieurs, car non-seulement ces deux millions, dont la destination était en quelque sorte privilégiée, mais les autres sommes laissées par Napoléon étaient au ministère de la maison du roi : le gage des donataires n'avait donc pas disparu.

Grâce à l'évidence et à la force des motifs, ce rapport obtint le seul succès qu'on pouvait alors espérer, le renvoi de la pétition au conseil des ministres.

Le 5 février dernier, M. le général Gourgaud et M. le baron Menneval, délégués des donataires, se mirent en mesure auprès du président du conseil et du ministre des finances, pour suivre l'effet de ce renvoi. Il n'obtinrent qu'une promesse de faire rapport au conseil des ministres : ce rapport a-t-il été fait? Une seule chose est certaine; c'est que, s'il a été fait, il n'en est rien résulté.

Une pensée généreuse, Messieurs, avait honoré une grande infortune : il eût été honorable aussi de la respecter, de l'exécuter promptement, de bonne grâce et complétement. Il n'y avait point de grandeur à éluder un devoir de justice, garanti par une parole royale, à repousser des droits évidents par de bizarres fins de non-recevoir, de vaines arguties, de froides répugnances ; par un système d'argumentation en quelque sorte désespéré, et qui ne saurait revendiquer en sa faveur la présomption de droiture et de bonne foi.

La créance était garantie par trois souverains, très-expressément garantie encore par un quatrième, *le roi de France;* le roi de France, qui allait être immédiatement saisi des immenses valeurs laissées par Napoléon! Les fonds étaient là; ils n'ont pu recevoir une autre destination que par violation de la foi jurée, déni de justice, une véritable iniquité.

L'engagement royal était fondé sur un dépôt; dépôt qui n'a été annulé ni par le retrait de celui qui l'avait effectué, ni par la renonciation des personnes qualifiées pour le recevoir.

Le retour de l'île d'Elbe n'a pu ni infirmer ni détruire les droits des tiers; car l'art. 9 du traité de Fontainebleau n'a jamais été révoqué : en 1817, des créanciers de la liste civile ont été payés en exécution de l'article 12 de ce traité; il fallut antérieurement une loi (12 janvier 1816) pour priver la famille de Napoléon des avantages que lui avait faits l'article 6 du même traité.

Enfin, les moyens de payer ne manquaient pas, même après avoir refusé, dès 1814, d'appliquer à ce but les deux millions réservés ; car le 17 juillet 1822 le trésorier de la liste civile, M. de Labouillerie, déclarait devant la Chambre des députés que le reliquat de la liste civile impériale était, à cette époque de 6,800 fr. et devait être versé au trésor.

Dans l'opinion où est votre commission que la demande des donataires est juste, et qu'aucune considération ne pouvait dispenser l'ancien gouvernement d'exécuter à la lettre l'art. 9 du traité de Fontainebleau, votre commission vous propose d'ordonner le renvoi de la pétition au conseil des ministres.

M. Méchin. J'ai peu de chose à ajouter à l'excellent rapport que vous venez d'entendre. Il m'a paru complet dans toutes ses parties, et démontrer jusqu'à l'évidence les droits qu'on vient d'exposer. Les biens personnels de Napoléon ont été abandonnés par lui, à la condition qu'on payerait deux millions aux personnes qui sont désignées dans les listes qu'il a dressées de sa main, que l'impératrice sa femme a également signées, et qu'a visées pour exécution le roi de France, Louis XVIII. Un contrat aussi solennel a été méconnu, foulé aux pieds ; on s'est emparé des biens, mais on n'a voulu remplir aucune des conditions du legs. Enfin, le ministère, poussé dans tous ses retranchements, opposa une impassibilité coupable à des réclamations aussi justes. Il se borna à dire : Présentez-nous les états originaux, et nous verrons. Ces états étaient ceux de la répartition dont je viens de parler. Les donataires ont été à leur recherche; ils en ont trouvé des traces au ministère des affaires étrangères. Ces états avaient été remis à ce département qui s'en est dessaisi en faveur du ministère des finances, qui les reconnut par un accusé de réception, signé *baron Louis.* Il fallut donc les chercher au ministère des finances.

J'ai compulsé moi-même, étant rapporteur de la même pétition, le registre de ce ministère, mais infructueusement, et j'ai appris, par d'anciens employés, que ces titres avaient été déposés dans le cabinet du ministre. Mais ces états paraissent avoir été pris ou anéantis, le vol ou la destruction en ont été consommés; les droits n'en sont pas moins reconnus. M. de Labouillerie avait déclaré plusieurs fois qu'il avait les deux millions tout prêts ; il a même montré de l'impatience à s'en dessaisir. A cette époque, ceux qui, avec sincérité, avaient servi l'État sous les ordres du grand capitaine, étaient des victimes en butte aux plus vils ressentiments: ils ont été persécutés dans leur personne, spoliés dans leur fortune. Mais dans l'abandon et le deuil ils n'ont jamais désespéré de la patrie, et le jour où elle renaît, sous les mêmes étendards qu'ils ont arrosé de leur sang, on doit espérer que le jour de la justice est enfin arrivé pour eux.

J'appuie donc les conclusions de la commission.

(La Chambre ordonne le renvoi de la pétition au conseil des ministres).

10° *Rapport de M. Duprat à la séance du 17 juin 1837.*

(*Moniteur* du 18 juin 1837, n° 169.)

Messieurs,

Les donataires ayant droit à la répartition des deux millions qui leur ont été accordés par l'empereur Napoléon, et qui se trouvent portés à l'article 9 du traité du 11 avril 1814, demandent le payement des sommes qui leur sont dues. Leur pétition est signée de M. le comte Friant, de MM. les barons Menneval et Corvisart.

La Chambre a deux fois été saisie de cette réclamation, à des époques bien différentes, et deux fois, elle en a ordonné le renvoi au conseil des ministres. Ce fut d'abord sur le rapport de l'honorable M. Jars, dans la séance du 14 mai 1829 et sur le rapport de l'honorable M. Clément, dans la séance du 9 octobre 1834.

Les deux rapports qui motivent ce renvoi firent ressortir avec évidence les droits des réclamants : il devrait donc nous suffire de les rappeler ; mais votre commission a pensé qu'une nouvelle discussion ne serait pas superflue, et elle a voulu la rendre plus facile, en vous présentant quelques observations sur la demande dont vous êtes saisis.

L'examen de la pétition fait ressortir la nécessité de rechercher si le traité du 11 avril 1814 est une chose sérieuse, s'il a forme authentique, s'il n'a pas été brisé par le retour de l'île d'Elbe et par le règne des Cent-Jours, s'il engage encore le gouvernement français et le trésor de l'État, et si les stipulations en faveur des réclamants doivent être exécutées.

Nous allons très-sommairement et très-rapidement parcourir ces divers points de la question.

Le traité du 11 avril 1814, signé à Paris, entre l'Autriche, la Russie et la Prusse, d'une part, et Napoléon Bonaparte, de l'autre, n'existe pas en original aux archives du ministère des affaires étrangères : il n'y en a qu'une copie. L'instrument original pour la France fut sans doute porté à Fontainebleau, et il a été égaré. Peut-être même l'empereur l'emporta-t-il avec lui comme un document qui lui était personnel, en se retirant à l'île d'Elbe. L'empereur repoussa d'abord ce traité : il ne voulait pas attacher son nom à un acte qu'il regardait comme honteux pour la France. Mais, après deux jours de mortelles angoisses, il se résigna et signa, à Fontainebleau, dans la matinée du 13 avril 1814.

Le gouvernement provisoire n'avait pas hésité : il était poussé par d'autres sentiments ; il déclara, le 11 avril, qu'il donnait son adhésion au traité ; les termes de cette adhésion indiquent que des explications réciproques avaient eu lieu entre le gouvernement provisoire et les puissances alliées. Elle garantit, d'ailleurs, expressément les stipulations du traité.

L'original de cette déclaration ne se trouve pas aux archives des affaires étrangères : il n'en existe qu'une copie.

Enfin, le ministre secrétaire d'État au département des affaires étrangères, voulant satisfaire aux demandes des ministres plénipotentiaires des cours alliées, donna une déclaration le 31 mai 1814, au nom de S. M. le roi Louis XVIII, pour confirmer l'accession du gouvernement provisoire, et promettre la fidèle exécution des clauses du traité à la charge de la France.

Une telle série d'actes authentiques ne peut pas aujourd'hui mettre en doute l'existence du traité. Votre commission a pensé, et elle a été principalement déterminée à le reconnaître par l'opinion de M. Dupin, jurisconsulte déjà célèbre en 1822, aujourd'hui président de cette chambre, qui déclarait, dans une consultation sur le sujet qui vous occupe, que le traité était devenu aussi parfaitement obligatoire pour le gouvernement français, que si ce gouvernement y avait été partie.

Mais ce traité est tellement réel et authentique qu'il a été invoqué par notre gouvernement, alors qu'il a fallu repousser quelque réclamations formées au nom des membres de la famille impériale. M. le duc de Padoue, fondé de pouvoirs de madame Lætitia Bonaparte, réclamait une inscription de 750 fr. de rente provenant de la succession de Napoléon Bonaparte ; l'honorable M. Humann, alors ministre des finances, répondit, le 27 juin 1835, que cette rente avait cessé d'être à la charge de la France, par suite de l'article 9 du traité, *qui n'a jamais été rapporté*, ajoutait le ministre.

Mais ce traité n'a-t-il pas été brisé par le retour de l'île d'Elbe et par le règne des Cent-Jours?

La lettre précitée de l'honorable M. Humann nous servira à répondre négativement ; nous nous appuierons encore de la consultation précitée de l'honorable président de la chambre.

Voilà, Messieurs, ce que disait ce savant jurisconsulte :

« Vainement on oppose le siècle des Cent-Jours. C'est un fait étranger « aux donataires, un fait qui n'a pu leur faire perdre un droit précédemment « acquis ; par le traité du 11 avril, ils sont devenus créanciers directs, non « pas de Napoléon, mais du gouvernement français, et le sort de cette « créance, fixé par ce traité au jour même de sa signature, n'a pas pu dé- « pendre des événements ultérieurs, ni du fait d'autrui. »

De telles autorité dispensent de prolonger ce point de la discussion, et nous disons que le traité n'a reçu aucune atteinte à l'égard des donataires par le fait des Cent-Jours.

Mais, nous dira-t-on, comment l'empereur Napoléon, qui avait de nouveau ressaisi le pouvoir au 20 mars 1815, ne s'empressa-t-il pas d'exécuter le traité, en donnant à chacun des donataires la libéralité qu'il leur avait faite.

Cette objection ne pouvait être sérieuse. Le traité du 11 avril était devenu obligatoire pour le gouvernement français ; l'empereur avait réuni des valeurs qui avaient été reçues, et qui excédaient bien au delà la libéralité qu'il avait faite ; il avait fidèlement accompli tout ce qu'on pouvait exiger de lui. Si le traité avait été ponctuellement exécuté, les donataires auraient dû être payés en 1814, avant les Cent-Jours. S'ils ne l'ont pas été à cette époque, leur droit n'a pas pour cela changé de nature ; ils sont restés créanciers de l'État, au même titre que devant.

Ajoutons que les donataires ne songèrent pas, au retour de l'île d'Elbe, à faire valoir leurs droits sur le trésor ; ils s'empressèrent de se ranger autour de l'empereur. Les hommes de l'armée lui prêtèrent l'assistance de leur vaillance pour repousser l'étranger. Parmi ceux-ci, nous distinguerons le général Cambrone, qui sut s'immortaliser à Waterloo, à la tête de la garde impériale, et le brave général Michel qui périt, après des prodiges de valeur, dans cette triste journée.

Penserons-nous qu'ils n'ont pas noblement acquis les libéralités que réclament leurs héritiers et leur ferons-nous aujourd'hui un reproche de leur héroïque dévouement? Nous croyons ne devoir pas insister plus longuement sur le peu de fondement de cette objection.

Ce traité est-il exécutoire et engage-t-il le gouvernement français?

Votre commission, dans l'examen de cette question, s'est encore appuyée sur l'opinion émise par l'honorable M. Dupin. Ecoutons ce qu'il dit :

« Le traité est aussi parfaitement obligatoire pour le gouvernement fran-
« çais que si ce gouvernement y avait été partie. Le droit des réclamants
« n'aurait jamais dû faire la matière d'une difficulté. La convention est claire,
« l'obligation est positive. Le droit qui en résulte au profit des donataires
« est évident. »

Veuillez remarquer, Messieurs, que l'article 9 du traité a été exécuté dans tout ce qu'il avait d'avantageux pour le gouvernement.

Toutes les propriétés que l'empereur Napoléon possédait en France, à titre de domaine privé et de domaine extraordinaire, étaient restées à la couronne.

Son trésor impérial avait été saisi par ordre du gouvernement provisoire.

Les propriétés et les valeurs étaient immensément supérieures à la modique somme de deux millions, dont l'empereur s'était réservé de disposer.

Ces valeurs n'ont jamais été bien connues: il n'en fut jamais rendu un compte fidéle. Nous pouvons dire qu'elles ont servi à de scandaleuses prodigalités et qu'elles furent en grande partie détournées de la généreuse *destination qui avait été la condition de leur abandon.* Les débats des Chambres nous ont appris cependant qu'une forte partie de ces valeurs étaient entrées dans les coffres de l'État pour être employées à des services publics. M. de la Bouillerie, intendant de la couronne, a déclaré que *dix à onze millions,* saisis à Orléans par le gouvernement provisoire, restes d'un trésor de plus de cent millions employés à organiser et équiper l'armée et à faire face aux différents services publics dans les jours de malheur, *avaient été versés au trésor de l'Etat.*

M. le baron Dudon disait à la tribune de la Chambre des députés, les 16 et 17 juillet 1822, que l'actif de l'ancienne liste civile, des actions des salines, des actions de la Banque, avait été versé au trésor.

Enfin, dans cette même séance, M. de la Bouillerie reconnut bien qu'une somme de 6,866,000 francs, reliquat de la liquidation de cette liste civile, après ses dettes acquittées, avait été versée au Trésor.

Ainsi, il est avéré que le gouvernement français a profité des dispositions du traité qui lui étaient avantageuses : en présence de ces faits il a paru à votre commission que le traité dont il s'agit était exécutoire, et qu'il engage le gouvernement envers les donataires. Nous observons ici que si quelques-uns d'entre eux qui portent les noms les plus honorables, et qui rappellent les jours les plus glorieux de nos annales, appartiennent aux classes les plus élevées de la société, le plus grand nombre des donataires est resté sans places, sans fortune; ce sont les serviteurs les plus fidèles de l'empereur, qui ont été longtemps repoussés et proscrits, par cela même qu'ils avaient été distingués et recommandés par Napoléon.

Par ces motifs, la commission vous propose de renvoyer la pétition à M. le président du conseil des ministres.

PARIS, IMPRIMERIE DE PAUL DUPONT,
Rue de Grenelle-Saint-Honoré, 55.